SCORPIO

FIND YOURSELF BEYOND THE EDGE.

奇跡は限界の先に

蠍座の君へ贈る言葉

鏡リュウジ
Ryuji

sanctuary books

蠍座の心は、深い井戸のようだ。
いくらのぞいても、底は見えない。
手を伸ばしても、表面にすら届かない。
でもその水はこんこんと湧き続け、
どこまでも澄み切っている。

そんな蠍座が
誰にも負けないのが、
何かを「好きになる」力だ。
一度好きになったら止まらない。
その愛はひたむきすぎる。
ときには自分が壊れてしまうほどに。

好きなもののためなら、
どこまでも一生懸命になれる。
壁にぶつかっても、嵐に巻き込まれても、
じっと耐え抜くことができる。
蠍座にとって、
ピンチとは成長するサインである。

自分に嘘をつけるのは
結局自分しかいない。
心の井戸に潜ろう。
深く深く潜ろう。
ほしかった答えはそのなかに必ずある。

白と黒、表と裏、善と悪。
清濁併せのむあなたは、
どちらの立場も理解できてしまう。
でもあなたが「良き理解者」であり続ける必要はない。
否定を恐れず、自分の意見をしめせ。
本当に守るべきものをよく考えろ。

失敗してもいい。
でも失敗するときは
「全力で」失敗すること。
そうすればきっと、
失ったもの以上に
大きな収穫があるはずだから。

蠍座の武器は集中力。
周囲の声が耳に入らないほど、
ひとつのことに没頭してみればいい。
その先に、あなたが予想もしなかった
結果が待っているから。

蠍座の恋する力は才能ともいえる。

誰よりも強く、深い。

その力が発揮できているとき、

蠍座の心は満たされる。

大好きな言葉は「徹底的」「とことん」。

自分がそんなふうになれる対象と

出会うことができたら、

もう恐れるものはない。

トライアンドエラーを繰り返しながら、

あらゆる障害を乗り越えていくだろう。

素晴らしい蠍座の人生を

さらに輝かせる「飛躍」と「挑戦」のために、

35のヒントとメッセージを贈ります。

蠍座のあなたが、

もっと自由に
もっと自分らしく生きるために。

SCORPIO

CONTENTS

CHAPTER 1
本当の自分に気づくために
【夢／目標／やる気】 ——————————————— 022

　1　すべてを投げ出せる「好き」に出会うまで自分を守っておく
　2　「推し」の向こう側に自分の未来が見つかる
　3　「心残り」にこだわり捨てた選択肢を手に取ってみる
　4　自分のなかの「カリスマ性」に気づく
　5　自分にとっての「ターニングポイント」を探す

CHAPTER 2
自分らしく輝くために
【仕事／役割／長所】 ——————————————— 036

　6　仕事も趣味も「恋」するような感覚で
　7　見えないものを「察知」する力を活かそう
　8　あなたがハマった「沼」は仕事にもなる
　9　「フィクサー」になろう
　10　「ネガティブ思考」を武器にする

CHAPTER 3
不安と迷いから抜け出すために
【決断／選択】 ——————————————————— 050

　11　「好き嫌い」で選んでいい
　12　自分の「裏の気持ち」に気づく
　13　「一点」の輝きと「一点」のシミにこだわれ
　14　やりすぎないよう仮の「リミット」を設定する
　15　どうしても決められないことは「スルー」してしまえ

CHAPTER 4
壁を乗り越えるために
【試練／ピンチ】 —————————————————— 064

　16　「ピンチ」でこそあなたは輝く

17　たくさんの大好きな「物」に囲まれる

18　自分の幸せが「最高の復讐」だと考える

19　あえて失敗の「ダメ押し」をする

20　根っこに残る「痛み」を抱きしめる

CHAPTER 5
出会い、つながるために
【人間関係／恋愛】——————————————————078

21　「心の鎧」を脱ぐために

22　「許せない自分」を許す

23　ふたりだけの「秘密の言葉」を持つ

24　他人と自分の「領域」を意識する

25　これからあなたが「愛すべき」人　あなたを「愛してくれる」人

CHAPTER 6
自分をもっと成長させるために
【心がけ／ルール】——————————————————092

26　質より「量」で自分を成長させる

27　欠けた「ピース」を埋めるのでなく新しい「ピース」を足す

28　自分の「言葉の力」を信じる

29　情報は取り込みすぎず思考の「スペース」をあけておく

30　自分の「好き」を定期的に「棚卸し」しよう

CHAPTER 7
新しい世界を生きていくために
【未来／課題／新しい自分】——————————————106

31　「嫉妬心」や「独占欲」から自由になるために

32　VUCAの時代はすこし「いい加減」になって乗り越える

33　「クローズド」な場をつくって信者を育てる

34　「好き」の要素を見つけ出して課題をクリアする

35　蠍座はこれから大きく「変容」して一気に「成長」する

蠍座が後悔なく生きるために ——————————————121

SCORPIO

CHAPTER 1

本当の自分に
気づくために

【夢／目標／やる気】

あなたの夢は何か？
やりたいことが見つからないときは？
あなたの心を動かすものは何か？
蠍座のあなたが、
向かうべき方向はどこだ。

SCORPIO

1

すべてを投げ出せる
「好き」に出会うまで
自分を守っておく

「情熱を傾けられるものが見つからない」「これがやりたいと思ってやってみたけどダメだった」

蠍座のあなたがいま、そう感じているのだとしたら、それはまだ時が熟していないだけ。焦る必要はまったくない。

蠍座は自分のボーダーを超えて、他者と一体化しようとする星座。何かと出会い、本気になったらすべてを投げ打って情熱を注ぐことができる。ものすごいパワーを発揮して、他の人には真似できない高いレベルに到達できる。

ただ、通り一遍の「好き」では、蠍座は動かない。いまあるメニューのなかから無理やり「好き」や「やりたいこと」を選んでも本気にはなれない。

蠍座のパワーが発揮されるのは、心の奥底が激しく揺さぶられるものに出会ったとき。自分が自分でなくなる感覚におちいるほど、何かを「好き」になったとき。

そして、蠍座はその何かに必ず出会う運命を持っている。蠍座のなかに眠る情熱が燃え盛るときが、人生のどこかでやってくる。

大切なのは、そのときまで「自分」を守り続けること。

熱意が持てないのに、無理やりがんばって消耗するのは良くない。嫌なこと、しんどいことは無理してやらなくていい。仕事に情熱が注げなかったら、淡々とこなしていればいい。

かわりに、そのときに備えて、エネルギーやポテンシャルを蓄えておこう。何かのスキルを身につけたり、貯金を貯めておく。たくさん本を読んで、教養を高めておくのもいい。

大丈夫。あなたは、本当にやりたいことに必ず出会える。出会ったとき、あなたのエネルギーは全開になる。想像もできない力を発揮する。その日まで、自分を大切に、日々を過ごしていこう。

2

「推し」の向こう側に
自分の未来が見つかる

「好き」のパワーが強い蠍座には、熱烈な「推し」がいる人、熱心に「推し活」を続けている人が多い。大好きなアイドルやアーティストのライブのために日本中飛び回っている人、お気に入りのアニメのグッズを片っ端から買い集めている人。

やりたいことが見つからないときは、そういう自分の「推し」のなかにヒントを見つけたらどうだろう。

そう言うと、あなたは「一方的にファンなだけ、自分の未来と結びつけるなんておこがましい」と反論するかもしれない。

でも、そんなことはない。蠍座の「好き」は、なんとなく好き、表面的な好きではなく、もっと本質的で明確な理由がある。ある一点に強烈に魅かれたところからはじまっていることが多い。

だから、「推し」を因数分解して、自分が「推し」の何が好きなのかがわかると、やりたいことが見えてくる。あのアイドルの一番好きなところは、曲か、詩か、ダンスか。あのアニメに強く魅かれたのは、ストーリーか、絵柄か、キャラクターか。

好きな理由を分析したら、同じ要素を持っているものを探してみよう。自分がかかわるとしたら、何ができるか考えてみよう。

たとえば、アイドルを好きな理由が、苦手なことをがんばっている過程を応援したいことだったら、アイドルじゃなくても、誰かをサポートする仕事にモチベーションを持てるかもしれない。

あるアニメが好きなのが、ノスタルジックな風景に心惹かれていることが理由なら、同じような郷愁を感じさせる町に引っ越してみたら、何かに出会えるかもしれない。

表面的には関係ないように見えても、「推し」は、あなたが人生をかけて本当にやりたいことと根っこでつながっている。「推し」の向こう側に、あなたの新しい可能性が待っている。

3

「心残り」にこだわり
捨てた選択肢を
手に取ってみる

普段は忘れているはずなのに、何かの拍子に「あ、これ、昔やりたかったな」「あのとき、やっていればよかったな」という思いがこみあげる。あなたには、そういう経験がないだろうか。

　蠍座は感情が動くと、本当に心の奥深いところに刻印されるから、その気持ちがずっと持続する。とっくにあきらめたもの、手放したものでも、思いが残り続ける。

　だから、占いでは「しつこい」「執念深い」といわれることがあるけれど、でも、その執着はマイナスな方向のものだけじゃない。

　果たせなかったことを昇華したいという思いは、大きなエネルギーになってあなたの未来を切り開く。

　だから、「心残り」があるなら、それにもう一度、チャレンジしたらいい。あきらめた場所にもう一度立ってみよう。

　いま、「夢なんて、叶わない」と感じているなら、それはかつて何かをあきらめざるを得なかった体験が、そう思わせているのかもしれない。そんなときこそ、「心残り」に向きあってみよう。

　学生時代に思い描いていたけど、金銭面で断念した留学の夢。自信を持っていたのに、周囲の反対で実現できなかったアイデア。趣味ではじめたけど、時間がなくてやめてしまったジム通い。仲良くなりたいと思っていたけど、結局話せずじまいで別れてしまったクラスメイトや同僚。

　かつてあきらめた場所にもう一度戻り、捨てた選択肢を手に取ってみる。そうすれば、自分が本当にやりたかったことが見えてくる。エネルギーが湧いてくる。それだけじゃない。当時は見えていなかった新しい可能性、アイデアが思い浮かぶ。

　過去へのこだわりは未練なんかじゃない。あなたを輝く未来に連れて行ってくれる招待状なのだ。

SCORPIO

4

自分のなかの
「カリスマ性」に
気づく

占いでは、大好きな相手を夢中になって追いかけるイメージを強調されることの多い蠍座。でも、実は蠍座自身に、人を強く惹きつけるある種の「カリスマ性」がある。

　獅子座のように、いつも場の中心にいてスポットライトが当たっているわけではないけれど、暗闇のなかでも目を凝らして探してしまうような不思議な磁力が、蠍座にはある。

　自然に振る舞っているだけなのに、周りから「他の人と全然違う」「何か大きなことをしてくれそう」といわれる。やりたいことをやっているだけで、数は多くなくても、応援してくれる人や、信奉者がいる。

　それは、蠍座のなかに誰にも似ていない強い個性、揺るぎない価値観があって、それが磁力となって人を惹きつけるからだ。

　だから、蠍座はこれからも誰かに媚を売る必要なんてまったくない。いまのまま自分がやりたいことをやり続ければいい。

　ただ、蠍座が自分のカリスマ性を自覚すれば、可能性はもっと広げられる。大きな舞台で不特定多数にアピールする必要はない。あなたに魅かれている人たちに向けて、やりたいことや夢を語る。そうすれば、みんながあなたの夢にも積極的に協力してくれるようになって、夢がどんどん現実に近づいていく。

　やりたいことがない場合は、逆に、あなたを慕う人のあなたに対する評価やあなたに期待することに耳を傾けるのもいい。

　あなたの魅力は、あなたの信奉者のほうがわかっていることが多い。あなたが気づいていない心の奥底で願っていることに、そばにいる人が気づいている可能性もある。

　蠍座は人間関係が狭いといわれることがあるが、それは大きな間違い。蠍座は人と一緒に前へ進んでいくことができる星座。そのことを忘れないでほしい。

5

自分にとっての
「ターニングポイント」
を探す

蠍座のパワーは12星座随一。常人にはない情熱と集中力で、誰にもなし得ないことを達成できる。ただ、蠍座は普段は自分を抑えていて、ありきたりの場面ではそのパワーは出てこない。

　人生をガラリと変えてしまうような大きな転機、ターニングポイント。そのときに、奥深いところに眠っているものすごいパワーが発揮される。

　重要なのは、その「ターニングポイント」を逃さないこと。

　進学、就職、結婚など人生の節目が転機となることもあれば、引っ越しや、電車で隣に座った人の会話、何気なく入った店でふと手に取った本が人生を大きく変えることもある。蠍座は、大きな失敗や挫折、別れなど、ピンチに追い込まれることで、これまでにないくらい前向きになって、新しい世界に踏み出すことも多い。

　あなたの人生を振り返ってみて、どんなことが自分の転機・ターニングポイントになってきたか、思い返してみよう。普段の自分では考えられない力が発揮できた場面、信じられないくらいがんばれたときの状況を思い出すだけでもいい。似たようなことが起きたら、それを逃さず、新しい一歩を踏み出す。

　もしあなたがいま、停滞感や閉塞感を感じているなら、過去に自分の転機となったのと同じ状況を自分でつくり出すのもありだ。

　転職や引越しをして環境をガラッと変えてみたり、これまでやったことのない新しい趣味をはじめてみたり。知りあいのまったくいない完全アウェイな場に飛び込んだり、わざと自分を危機に追い込んでみるのもひとつの方法かもしれない。

「ターニングポイント」を怖がる必要はまったくない。なぜなら、蠍座にとってそれは眠れるパワー、自分も気づいていない能力が目覚めるときだから。きっと、素晴らしい明日への入り口になる。

SCORPIO

PERSON
蠍座の偉人
1

漫画とアニメーションを愛し
生命の尊さを伝え続けた

手塚治虫
Osamu Tezuka

1928 年 11 月 3 日生まれ
漫画家・アニメーション作家

小学 3 年生で漫画を描きはじめ、18 歳のときに 4 コマ漫画『マアチャンの日記帳』で漫画家デビュー。戦争体験を通じて生命の尊さを知り、医学博士になるものの、自身が最も望んだ漫画家・アニメーション作家の道を選択した。新しい表現方法で生命の尊さを描いた『鉄腕アトム』『ジャングル大帝』『ブラック・ジャック』などの作品は、時代を超えて世界中で愛されている。ペンネームに「虫」を入れるほどの大の昆虫好きとしても知られる。

参考 「TEZUKA OSAMU OFFICIAL」
https://tezukaosamu.net/jp/

SCORPIO

PERSON
蠍座の偉人
2

生涯で唯一の長編小説が
不朽の名作に

マーガレット・ミッチェル
Margaret Mitchell

1900 年 11 月 8 日生まれ
小説家

アメリカ出身。少女時代から読書や脚本の執筆に没頭し、新聞記者として活躍。骨折の療養中に書きはじめ、10 年もかけて完成させた唯一の長編小説『風と共に去りぬ』が世界的ロングベストセラーに。発表翌年の 1937 年には、アメリカの文学賞であるピューリッツァー賞を受賞する。南北戦争下のアメリカ・ジョージア州を舞台に、強く美しい主人公スカーレットの半生を壮大に描いた同作は、1939 年に映画化もされアカデミー賞 10 部門に輝いた。

参考 「新潮社」
https://www.shinchosha.co.jp/writer/371/

SCORPIO

CHAPTER 2
自分らしく輝くために

【仕事／役割／長所】

あなたに備えられた才能はなんだろうか？
あなたが最も力を発揮できるのはどんな場所？
あなたが世界に対して果たす役割は何か？
蠍座のあなたが、最も輝くために。

6

仕事も趣味も
「恋」するような
感覚で

蠍座のシンボルは、英雄オリオンを刺し殺した蠍。その神話は自意識を壊し大きな世界と一体になろうとする意志を示している。

　蠍座の一番の特徴は何かのために自分の殻を破り、自分を投げ出して、前に進もうとする力。その力が最も象徴的に発揮されるのが「恋愛」だ。蠍座は恋をすると、激しい情熱を燃やし、全身全霊で尽くす。深い愛情がずっと持続する。

　だったら、恋愛以外のものにも、その力を発揮したらどうだろう。実際、蠍座は仕事でも趣味でも勉強でも、自分を忘れるくらい没頭できるものに出会えれば、それをとことん極めていくことができる。その結果、プロも真っ青なスキルを身につけ、専門家をしのぐ広く深い知識を自分のものにする。とてつもなく強いパワーで、誰も到達できない高みにかけ上がることができる。

　あとは、あなたが仕事や趣味にも「恋愛」みたいに没頭できるかどうか。恋愛だとリミッターを突破する蠍座も、それ以外だと、バランスを取ったり、セーブしてしまうこともある。

　だから、もし、惹かれていることや興味のある仕事があるなら、恋愛するみたいにリミッターを外してみよう。「恋の感覚」におちいるよう自分を仕向けてみよう。

　どこに惹かれたのか、ひたすら自分を突き詰める。その分野で一番優れている人に会いに行く。自分の体を使って体験してみる。

　そうやって、自分の魂の奥深い部分を刺激していけば、必ずあなたが本気になれるものが見つかる。そして、恋愛と同じくらいのエクスタシーやカタルシス、よろこびが得られるようになる。

　いや、快楽だけじゃない。恋愛は実らないこともあるけれど、仕事や趣味は没頭したぶんだけ、必ずあなたに何かをもたらしてくれる。恋するように没頭した先に、大きな成功が待っている。

7

見えないものを
「察知」する力を
活かそう

蠍座の守護星は冥王星。名前から想像できるように、普段は見えない部分、物事の隠れた深みを支配している星。だから、蠍座は、魂の奥底にある深い領域と親しくかかわる力を持っている。それを霊的な力と呼ぶ人もいるが、霊感とまではいかなくても、蠍座には、人が隠したがっている、あるいは自分でも気づいていない無意識の感情を察知する力、深い洞察力がある。

　この力を仕事にも活かしていこう。

　カウンセラー、セラピスト、探偵、占い師など、人の心を探る仕事はもちろんだが、他にもこの力を活かせる仕事はたくさんある。

　たとえば、学校の教師をやれば、生徒たちの本当の欲求を察知して、寄り添うことができるし、キャリアコンサルタントをやれば、相手の希望や能力を見抜いて、適切なキャリアに導ける。

　一般的なビジネスの仕事でもその力はすごく役に立つだろう。マーケティングや企画の仕事なら、人々がまだ気づいていない欲望を察知し、新たなサービスや商品を生み出すことができるし、営業パーソンなら、取引先相手の願望や、腹の底にある本音を見抜くことができて、難しい交渉も成立させることができる。

　組織のなかでも、上司や同僚、後輩の本音を察知し動くことができるから、上からの評価も高いし、周囲からの人望も厚く、会社員でもそれなりのポジションにつけるだろう。組織をマネジメントする立場になっても、表に現れないメンバーの不満や願望を察知できるから、きめ細やかなマネジメントができる。

　そう、蠍座の目に見えないものを察知する力は、どんな仕事、どんな場所にも活かすことができる。あとは、その力にあなたが気づき、どう研ぎ澄ませていくか。それができれば、あなたは必ず未来を手にすることできる。

8

あなたがハマった
「沼」は
仕事にもなる

趣味に没頭していたり、収集がやめられないことを、最近「沼にハマる」と呼ぶが、蠍座が何かを好きになっている様子は、まさに「沼にハマっている」。推しのアイドルやアーティスト、アニメ、ゲーム、鉄道、歴史、さらには、雑貨、文房具、カレー、パンケーキなど、それぞれいろんな「沼」に深くハマっている人が多い。

　しかも、蠍座のハマり方は普通の人よりはるかに深い。愛情が深いのはもちろん、豊富な知識と洞察力で深い分析もできるし、ハマったものがもっと輝くための戦略、方向性まで考えられる。同じファンはもちろん、プロも一目置くハマり方だ。

　だったら、あなたの「沼」を仕事につなげたらどうだろう。

　一番ダイレクトなのが、ハマっているもののプロデューサーやマネージャーになって、サポートすること。あなたの愛情や深い分析はきっと、相手を輝かせることに大きく貢献できる。

　そこまで勇気が出ないなら、いろんなメディア、SNSを使って、分析や情報を発信するだけでもいい。ファンの間で話題になって、インフルエンサーになったり、アドバイスを求めてくる人がいてコンサルタントとして活躍できるかもしれない。

　いま担当している仕事の商品やサービスに取り入れてみるのもありだ。好きなマンガとコラボしたり、PRに好きなアイドルを起用したり、ハマっている戦国武将を町おこしに利用したり。

　自分の仕事に利用したくないと思うかもしれないが、あなたなら、きっとファンもよろこぶコラボやPRが考えられる。

「仕事は仕事、趣味は趣味」と割り切っているかもしれないけれど、あなたの「沼」にハマる才能は、とてつもなく大きな可能性を秘めている。そのことに気づけば、あなたは本当の意味で豊かな人生を生きることができるはずだ。

SCORPIO

9

「フィクサー」に
なろう

蠍座は、ふたつの特異な能力を持っている。

　ひとつめは「人を操る」能力。人の心理、力関係への洞察力があって、どんなアクションをすれば人がどう反応するかがわかるから、人や組織をうまく動かすことができる。

　もうひとつは「裏技を見つける」能力。目標の実現が困難なとき、普通の人は、オーソドックスな方法しか見えなくて、あきらめてしまう。でも蠍座の場合は、正攻法ではない裏のルートが見える。巧妙な戦略を立てることができる。

　人を操り、裏技を見つける……このふたつは、「フィクサー」になれる能力といってもいいかもしれない。

　フィクサーというと、政財界で暗躍する黒幕で、一般的には悪者というイメージがあるが、実際は、フィクサーのように仕事をしている人は多い。人を動かし、裏技を使ってうまくまとめている人、表には出ないけれど、裏で根回しして、成功に貢献している人。

　あなたもこのフィクサー的な能力を全開にしてみよう。取引相手がどんな反応をするかを考えて、アクションを起こしていけば、組織の力関係を意識して根回しをすれば、きっとプロジェクトを成功に導くことができる。

　交渉が行き詰まったり、難しいトラブルが起きたときは、解決のための裏技や裏ルートを考えよう。たとえば、別のところから持ちかけてもらう、関係者の本音を探り出す、別のロジックを立てる、何かとセットにして交渉する……。

　蠍座が、その能力を全開にすれば、きっとうまく解決することができる。あなたの評価は高まり信頼も深くなるだろう。

　フィクサーは悪者だけじゃない。フィクサーのように仕事することで、あなたの存在感はどんどん増していく。

10

「ネガティブ思考」を
武器にする

ビジネスの世界では、ポジティブシンキングが全盛。自己啓発本を読んでも、ネガティブな感情は悪とされ、いつも明るく肯定的に物事をとらえろ、と説教しているものが多い。

　でも、蠍座はそうはなれない。つねに負の感情を抱え、物事のネガティブな面を意識している。

　ただし、それは全然悪いことじゃない。危機におちいったとき、マイナスな感情に振り回されてしまうのは、普段、ネガティブな部分を見ないふりをしている人たち。蠍座は逆に、普段から自分のなかにある負の感情を意識しているからこそ、感情を制御できる。

　それだけじゃない。人間のなかに、ネガティブな面があることをわかっているから、深い洞察ができて、人としての深みがある。

　だから、仕事でも人間関係でも、マイナスな感情に蓋をしようとしないで、むしろ、それを積極的に使ったほうがいい。

　たとえば、何か作品をつくったり、表現をしているなら、自分の負の感情に着目してみる。ドストエフスキーやスティーブンソンが人間の悪をえぐり、素晴らしい文学作品に昇華させたように、他の人にはできない深みのある表現ができるかもしれない。

　ネガティブ思考は、ビジネスでも活かせる。物事のマイナス面がわかるから、リスクヘッジに優れているのはもちろん、消費者のネガティブな感情を意識しながら、商品やサービスを企画すれば、他の人にはつくれないものを、つくり出すことができる。

　組織でもネガティブ思考はきっと役立つ。みんなの負の感情を意識して動けば、よりきめ細やかなマネジメントができる。より深い信頼関係が築けるようになる。

　ネガティブな感情や思考は、あなたにとって弱点ではなく、武器なのだ。うまく使えば、きっと成功に導いてくれる。

SCORPIO

PERSON
蠍座の偉人
3

才能と情熱を兼ね備えた
IT界の革命家

ビル・ゲイツ
Bill Gates

1955年10月28日生まれ
実業家・慈善家

アメリカ出身。小学生の頃から成績優秀で、中学時代にコンピューターに強い興味を持ち、近い将来コンピューターが人々の生活を変えると予見。高校時代に出会ったポール・アレンといくつかの事業に挑んだのち、ハーバード大学を中退してマイクロソフトを共同創業する。『Windows』の開発は彼が予見した通り社会に革命をもたらした。2020年のマイクロソフト取締役退任後は、気候変動や貧困など社会課題の解決に注力している。

参考　「Forbes JAPAN」
https://forbesjapan.com/articles/detail/32180

グリーンに舞い降りた
スマイリングシンデレラ

渋野日向子
Hinako Shibuno

1998 年 11 月 15 日生まれ
プロゴルファー

砲丸投げ・円盤投げ選手だった父、やり投げ選手だった母のもとに生まれ、8 歳でゴルフをはじめる。岡山県ジュニアゴルフ選手権競技で 3 連覇し、19 歳でプロテストに合格。2019 年ワールドレディスチャンピオンシップサロンパスカップでは大会史上最年少で初優勝。同年の海外メジャー AIG 全英女子オープンでは、初出場ながら日本人女子で 42 年ぶり 2 人目の優勝を果たす。プレー中も絶やさない笑顔でファンを魅了している。愛称は「しぶこ」。

参考 「渋野日向子オフィシャルサイト」
https://hinako-shibuno.jp/profile/

SCORPIO

CHAPTER 3

不安と迷いから
抜け出すために

【決断／選択】

人生は選択の連続だ。
いまのあなたは、過去のあなたの選択の結果であり、
いまのあなたの選択が、未来のあなたをつくる。
蠍座のあなたは、何を選ぶのか。
どう決断するのか。

SCORPIO

11

「好き嫌い」で
選んでいい

「12星座の君へ贈る言葉」シリーズ
発売スケジュール

✴
✦✦ 射手座の君へ贈る言葉
（2023年夏頃予定）

✴
✦✦ 山羊座の君へ贈る言葉
（2023年秋頃予定）

✴
✦✦ 水瓶座の君へ贈る言葉
（2023年冬頃予定）

『12星座の君へ贈る言葉』シリーズ
特設サイトはこちら▶▶

定価1,200円（＋税）　著者　鏡リュウジ
発行・発売　サンクチュアリ出版

蠍座には、確固たる自分の価値観がある。好き嫌いもはっきりしている。そんな蠍座が迷ったり、不安を募らせているときは、周囲の空気や社会の評価に影響されて、気持ちが中途半端になっていることが多い。

　いまは、膨大な量の情報が飛び交い、さまざまな意見が耳に入ってくる時代。蠍座といえども自分の価値観をつらぬくのは難しい。

　でも、蠍座は外側の価値基準に目を向けても、逆に不安が膨らむだけ。迷っているときこそ、自分の「好き嫌い」を徹底したほうがいい。

　たとえば、学校や就職先を選ぶとき、多くの人は、社会的な評価や偏差値、労働条件を見比べたり、将来性を考慮したりして、決断・選択する。でも蠍座の場合は、そんなことより「この学校がとにかく好き」とか、「この仕事はどうしても嫌」というような強い感情に従ったほうがいい。

　それは、客観的データより「感情」のほうが蠍座にパワーを与えてくれるから。いくらその学校や会社の世間的評価が高くても、あなた自身がやる気を持てなければ、なんの役にも立たない。でも、あなたが「好き」という感情から選択した結果ならば、あなたは絶対にやる気が出るし、努力ができる。

　しかも、蠍座には鋭い洞察力があるから、「好き嫌い」による選択が結果的に正しい選択だったとなる可能性も高い。

　もちろん短期的に見れば、「好き嫌い」で選んで失敗するケースだってある。でも、あなたの感情を大事にすることには、成功するか失敗するかよりも、ずっと大きな意味がある。

　一時的に厳しい状況におちいったとしても、その選択は必ずあなたを成長させ、最後は大きな成功に導いてくれるはずだ。

SCORPIO

12

自分の
「裏の気持ち」に
気づく

感情が豊かな蠍座だけれど、実はその感情をストレートに出すことは苦手。自分のなかに激しい情熱や傷つきやすい部分があるからこそ、本当の気持ちを抑え込み、ポーカーフェイスを装う。

　おかげで、蠍座は普段穏やかでいられたり、冷静で動じなかったり、人からも頼りがいがあると思われる。

　ただ、感情を抑えようという気持ちが強すぎて、自分でも本当の気持ちがわからなくなることがある。

　心がすごく動いていても、「まあ普通じゃない?」と関心がないふりをしたり、逆に「好きじゃない」という反応をしているうちに、自分でも好きであることを見失ってしまう。

　だったら、何かをうまく選べないときは、表面的な気持ちや普段の行動の「真逆」にいってみたらどうだろう。

　自分のことをSだと思っているなら、Mになる状況をつくってみる。本当はMが本質なのに、それを隠すために、外ではSとして振る舞っていることに気づくかもしれない。

　嫌っているものに目を向けることで、自分の本当の気持ちが見えてくることもある。たとえば、お金を嫌悪するのは、お金に溺れる自分が目に浮かぶからで、実は執着があるのかもしれない。

　また、蠍座は人に頼まれたとき、裏の気持ちに気づくことがある。本当にやりたいことなら、表向きは「しょうがないなあ」と言いながら、気持ちが沸き立つ。何かを選択するときに、「あなたしかいない」と頼まれたらどうするかを考えてみよう。

　表と裏、光と影。答えは、振幅するものの反対側にあることが多い。表面的な感情だけでなく、欲望の裏側、気持ちの奥底にある本当の気持ちを探ってみよう。よりあなたに合った選択ができるし、もっとあなたの可能性を広げてくれるはずだ。

13

「一点」の輝きと
「一点」のシミに
こだわれ

いいところが 99 あって、悪いところが 1 つあるもの。悪いところが 99 あっていいところが 1 つしかないもの。ほとんどの人は、いいところが 99 あるほうを選ぶだろう。

　でも、蠍座はそんな選び方はできない。「一点の輝き」があれば、他が欠点だらけでも、そこに吸い込まれるように求めてしまう。逆に、ほとんどが完璧に見えても、一点、気になる「シミ」を見つけてしまうと、それがどんどん大きくなって嫌になってしまう。

　周りには「偏っている」「そんな選び方ではダメ」といわれたこともあるかもしれない。

　でも、蠍座はそれでいい。蠍座は一点の輝きに惹きつけられ、その一点を守ろうという気持ちが高まり、いろんな工夫や努力をする。結果、残りの曇っている部分も輝くようになる。

　逆に一点、シミがあると、気持ちが萎えて、他の輝いている部分もくすんでいってしまう。

　それだけじゃない。「一点にこだわる」という選び方は、蠍座にかぎらず、本当に正しい答えに近づく方法でもある。

　総合的に見て優れているという評価は、その瞬間だけのもの。強い特徴がないから、時間の経過とともに、平凡で陳腐に感じられるようになってしまう。

　だけど、たったひとつ、絶対的に揺るがない、すべてのデメリットを帳消しにしてしまえる良さがあれば、時間の経過や時代の変化なんて関係ない。アーティストやコンテンツ、どんなものでもたったひとつ強力な武器があるものが最終的に生き残る。

　蠍座のあなたには、先天的にその「ひとつ」を見抜く力がある。

　デメリットだらけに見えても、あなたが一点でも輝きを見出せるのであれば、迷わず自信を持ってそれを選ぼう。

14

やりすぎないよう
仮の「リミット」を
設定する

蠍座が混乱しているとき、判断を誤るときは、際限がなくなってしまった結果であることが多い。ひとつのことに向きあうと、徹底的に突き詰めようとするので、もっとやれることがあるんじゃないかと不安になってやり続け、一向にゴールに辿り着けない。

　徹底してやるのは蠍座のいいところ。だから他の人にはできない高いレベルに到達できるし、高い完成度のものを生み出せる。でも際限がなくなってやりすぎると、結果が出ないどころか、逆効果になってしまうこともある。

　何かをつくっているとき、せっかく完成度の高いものができていたのに、もっともっとと手を加えた結果、かたちが崩れてしまった。やりすぎてもともとのおもしろさが失われたり、何がやりたかったかわからなくなった。自分のキャパシティを超えて体や精神を壊してしまうこともある。

　だから、「とりあえずここでゴール」という「リミット」を設定しておこう。時間のリミット、クオリティのリミット、量のリミット、自分の体力やストレスのリミット。こういう状態になったら、いったん作業を終わらせて結果を見てみよう、という仮の目安のようなものを決めておく。

　もちろん、それでも蠍座はもっと突き詰めたくなって、リミットを超えてやろうとするだろう。でも、リミットを設定していれば、ストッパーになる。混乱したとしても、ある時点でのゴールを決めていれば、その時点の選択に立ち返ることで、最良の選択をすることができる。

「ちょうどいいところ」を設定するというのは、蠍座にとってとても苦手な作業。でも、いい選択をするためにも、そして自分を守るためにも、すこしずつ取り組んでみてほしい。

15

どうしても
決められないことは
「スルー」してしまえ

蠍座は、基本的に迷わない星座。もちろんときには、外から
の影響や自分のなかのねじれのせいで、混乱して決められなくな
ることもある。でも、ここまでいってきたように、自分の価値観、
好き嫌いを徹底すれば、必ず、迷いの森から脱出することができ
きる。最良の選択や決断をすることができる。

　もし、それでもあなたに決められないものがあるとしたら、そ
れはたぶん、どうでもいいことなのではないか。

　実際、この世界にはどちらでもいいようなことがたくさんある。
午前中はどちらの作業を優先するか、Aランチ、Bランチどちら
を食べるか、手土産に和菓子、洋菓子どちらを選ぶか。そうい
うことが、あなたにとってどうでもいいなら、決めなくても、選ば
なくてもかまわない。流れに乗っかるとか、周囲に合わせるとか、
多数派につくとかでいい。

　選択や決断を「スルー」してしまおう。

　大小にかかわらず、日常の細々した選択に、あなたの価値観
やこだわりを反映させようとするのは悪いことではないが、それが
あなたにとって本当に重要なことなら、判断に迷わないはず。

　もし迷っているなら、Aを選んだとしてもBを選んだとしても、
あなたの価値観やこだわりにたいした影響はないということ。多
数派に流されようが、あなたの世界が壊れることはない。

　そんなどうでもいいことの選択に、時間をかけるのはもったい
ない。くだらない決断をスルーすれば、こだわるべきことに集中
できるようになる。困難がともなう、どうしても譲れない決断や
選択に、すべての力を注ぐことができる。

　エネルギーを集中すれば、あなたの判断力、感性もさらに研
ぎ澄まされて、よりよい選択ができるようになるだろう。

菓子の概念を覆し続ける
パティスリー界のピカソ

ピエール・エルメ
Pierre Hermé

1961 年 11 月 20 日生まれ
パティシエ

フランスのパティシエ家系の 4 代目として生まれ、14 歳のときに「現代フランス菓子界の父」と呼ばれるガストン・ルノートルのもとで修業を開始。1998 年に『ピエール・エルメ・パリ』ブランド第 1 号店を東京のホテルニューオータニにオープンし、2001年にはフランス第 1 号店もオープン。「オート・パティスリー」（高級菓子）と称した独自のノウハウで創造性の高い菓子づくりに挑み、ヴォーグ誌からは「パティスリー界のピカソ」と称賛された。

参考 「PIERRE HERMÉ PARIS」
https://www.pierreherme.co.jp/our_brand/

SCORPIO

PERSON
蠍座の偉人
6

生涯、芸術家として生きた
モダニズムの先駆者

ジョージア・オキーフ
Georgia O'Keeffe

1887 年 11 月 15 日生まれ
画家

花を大写しで描いた連作をはじめ、動物の骨、ニューヨーク
の高層ビル、ニューメキシコの風景などをモチーフにした作品
で知られる。アメリカの農家に生まれた彼女は、シカゴやニュー
ヨークで絵画を学び、美術教師などを経て画業へ。アメリカン・
モダニズムの最前線で活躍した。写真家であった夫の死後は、
かねてから足繁く訪れていたニューメキシコに移住し、晩年は
視力を失いながらも芸術家としての歩みを止めなかった。

参考 「Georgia O'Keeffe Museum」
https://www.okeeffemuseum.org/about-georgia-okeeffe/

SCORPIO

CHAPTER 4
壁を乗り越えるために

【試練／ピンチ】

あなたの力が本当に試されるのはいつか？
失敗したとき、壁にぶつかったとき、
落ち込んだとき……。
でも、大丈夫。
あなたは、あなたのやり方で、
ピンチから脱出できる。

SCORPIO

16

「ピンチ」でこそ
あなたは輝く

「ピンチは最大のチャンス」という言葉があるけれど、現実はそう甘くない。結局、ピンチはピンチのまま終わることが多い。

　でも、蠍座の場合は違う。「ピンチ」は本当に、リアルに「最大のチャンス」になる。

　それは、ピンチにおちいったとき、普段眠っている蠍座の圧倒的なパワーが覚醒するから。追い詰められたときにこそ、蠍座は本来の力を発揮するから。

　実際、蠍座には人生の危機に直面したことがきっかけで、成功をつかんだ人が多い。会社をクビになったことで一念発起し、みんなが注目するIT企業を起業した経営者。人間関係で四面楚歌になってひとりでアートに没頭した結果、みんなが驚くような作品を生み出したアーティスト。スキャンダルが発覚したのに、その対応の見事さでブレイクしたアイドル……。

　あなたも同じように、マイナスがプラスに変換される運命を持っている。追い詰められて選択肢がなくなったら、本当にやりたいことが見えてきた。大きな失敗をしてみんなに見放されたら、エネルギーが湧いてきた。大失恋したことがバネになって、人間的に大きく成長した。そういうことがこれからの人生で起きる。

　だから、もしいま、あなたがピンチで苦しい状態にあるなら、自分を変えるチャンス、自分の成功を呼び込むラッキーが向こうからやってくるタイミングだと思おう。

　ピンチから逃げなくてもいいし、抗う必要もない。何かを改善しようともがく必要もない。ピンチのなかに身を置いて、ただ自分が大切だと思うことを、守り続けていればいい。

　嵐のなかに立っていれば、向こうからチャンスがやってくる。嵐の向こうから光が差してくる。

17

たくさんの
大好きな「物」に
囲まれる

蠍座が最も落ち込むのは、「孤独感」に支配されたとき。蠍座は、心の奥底で、現実にはありえないような他者との深い一体感を求めている。だからこそ、つねに根源的な孤独を抱えている。

　もちろん普段はそれでも強く生きているけれど、自分に自信がなくなったとき、誰かに愛情を拒否されたとき、その「孤独感」が肥大化し、モンスター化する。あなたを支配して恐怖に陥れる。

　いったいこの孤独はどうすれば、癒せるのだろう。

　「人」に救いを求めても、逆にもっと寂しくなるだけ。こういうときは、「物」に癒されたらどうだろう。

　たとえば、あなたがコレクションしているフィギュア、アイドルのグッズ、大好きな雑貨、長年撮り溜めた写真などを、クローゼットから引っ張り出して、部屋中に並べてみよう。

　好きなアーティストのライブや好きな映画などを見続けたり、大好きなマンガを一気読みするのもいい。

　大好きな「物」に囲まれ「推し」に身をひたしていれば、こわばった感情がほどけてくる。絶望的な気持ちがすこしずつ回復する。

　なぜなら、蠍座にとって一番大切なのは、何かに思い切り愛情を注ぐことだから。人に愛情を受け入れてもらえないときは、相手が人である必要はない。推しのグッズや大好きな物に囲まれていたら、自分にはまだ、愛情を注ぐ対象があることが実感できる。自分が世界とつながっていることも再認識できる。

　リアルな人間関係で、ありあまる愛情を持て余していたら、その気持ちが分散されて、バランスが良くなり、楽になる。

　もちろん、それで、あなたの根源的な孤独が完全に解消されるわけじゃない。でも、落ち込んだときは試してみてほしい。きっと、もう一度立ち上がって、前を向いて歩く気持ちになるはずだ。

18

自分の幸せが
「最高の復讐」だと
考える

蠍座は愛情が深いぶん、裏切られたときの傷がとても深い。だから、そこから生まれる怒りは長く持続する。恨みに一度とらわれてしまったら、どうしても許せなくなる。復讐したいという気持ちにかられて、最悪の場合、過激な行動でトラブルになってしまうこともある。

　復讐心を持つのは仕方がないこと。その感情から目を背けたり、蓋をする必要はない。無理やり抑え込んだら、逆にどこかで暴発してしまう。

　ただ、実際に復讐を行動に移して、自分がより傷ついたり、人生の貴重な時間を浪費してしまうのはもったいない。それで自分が破滅するなんてバカバカしすぎる。

　だったら、復讐心があることを受け入れ、その復讐心を自分の成長や幸福のための糧にしよう。

「優雅な生活が最高の復讐である」という言葉があるが、復讐を果たすために、相手が羨むような人生、相手が憧れるような仕事や成功を目標にする。目標に取り組んだら、相手の悔しがる顔、後悔する姿を思い浮かべて努力する。

　実際、大成功を収めているアーティストやスポーツ選手のなかには、失恋や裏切りなどをきっかけに、「相手を見返してやろう」と夢に取り組んだという人が少なくない。

　もしあなたも復讐心にとらわれることがあったら、それを否定せず、利用したほうがいい。復讐心にとらわれながら、それを前に進むエネルギーに変えていく。

　復讐のための目標に手が届きそうになった頃、あなたはおそらく復讐の相手なんてどうでもよくなっているはずだ。ただ目標にまっすぐ向かっている、幸せな自分に気づくだろう。

19

あえて
失敗の「ダメ押し」
をする

何かやっていて、途中で 100% 失敗するとわかるとき、決着がつく前に負けが見えたとき。多くの人はそこであきらめて投げ出してしまう。自分が傷つくのを恐れ、不戦敗の道を選んでしまう。

　でも、蠍座のあなたは不戦敗だけは、絶対にしないほうがいい。

　途中でおりずに、そのまま最後までやりとげたほうがいい。

　これは、もうひと粘りしたら成功をつかめるとか、もう 1 回やったらうまくいくかもと言いたいわけではない。逆だ。失敗が確実でも、それを承知でとことん失敗するまで、やりきろう。

　蠍座は白黒をつけたい性格だから、不戦敗を選んでしまうと、頭を切り替えることができず、次の段階に進めなくなる。新しいことをはじめてみても、それすら中途半端になってしまう。

　だからあきらめるその前にもう 1 回、失敗の「ダメ押し」をして、失敗を自分に納得させることが必要なのだ。

　どうしてもやりたかったプロジェクトなら、途中で失敗しそうだと思っても中止しないで、失敗やダメな部分を思いっきり実感してみる。スポーツだって圧倒的大差で負けていても、最下位とわかっても最後までベストを尽くす。脈がなさそうな相手でも、そこであきらめるのではなくちゃんと告白して失恋する。

　蠍座にとっては、成功すること以上に、最後までやりとげることのほうが大事。それは、失敗したときこそ、なおさらだ。

「完全に負け」「やってみたけど失敗した」という完全な結論が出て、はじめて次に進める。

　だから、失敗したときは、その結論から逃げ出してはいけない。逆に、悔しく悲しい気持ちとかに、どっぷり浸かって、失敗を味わい尽くそう。そうすれば、あなたはきっと、明日から成功に向かって、歩きはじめるだろう。

20

根っこに残る
「痛み」を
抱きしめる

ここまで書いてきたように、あなたはピンチに強い。ピンチが
チャンスに変わることもあるし、たとえうまくいかなかったとして
も何度でも復活できる。

　だけど、ピンチを克服できたからといって、あなたの根源的な
痛みが完全に消えてゼロになるわけではない。それはこれからも
同じ。あなたの挫折に対する失望や落胆、裏切られた辛い思い
がなくなることは、きっとない。

　蠍座は、忘れたつもりでいても、深いところに感情が刻まれ
ている。だから、何かの拍子に、負の感情が顔を出しては、心
を揺さぶる。

　だけど、それでいい。人が人であるかぎり、心のなかに悲しみ
や憎しみ、恨みや妬みといった感情があるのは当然のこと。そ
ういった感情があるからこそ、あなたはあなたらしくいられる。

　だから、痛みも悲しみも憎しみもあなたから追い出す必要はな
い。すべての感情を心の奥底に大切にしまっておこう。

　そして、痛みや悲しみが呼び起こされるときがあれば、その都
度、その気持ちを受け止めてあげてほしい。

　マイナスの気持ちが出てきたことを否定せず、嫌わず、その過
去を「つらかったよね」と抱きしめ、そこからいままでの時間を
「よく我慢してきたね」と褒めてあげる。

　そうすることで、あなたはまた、再び「ピンチに強い自分」に
戻ることができる。

　それだけではない。あなたのなかに残っていた根源的な痛み
もすこしずつ癒されていく。そして、いつかその痛みは養分へと
変わり、あなたの成長の糧や優しさの源になる。痛みが肥やしと
なり、あなたのなかに新しい、美しい花が咲くだろう。

SCORPIO

PERSON
蠍座の偉人
7

数々の困難を乗り越え
大企業の礎を築く

早川徳次
Tokuji Hayakawa

1893 年 11 月 3 日生まれ
実業家

シャープ創業者。8 歳を前に金属細工職人のもとで年季奉公をはじめ、数々の苦労から商売のいろはを学ぶ。10 代でベルトのバックル「徳尾錠」を発明し独立。「早川式繰出鉛筆」(シャープペンシル) の発明で事業は急成長するが、関東大震災で工場と家族を失い、事業譲渡を余儀なくされる。しかし彼はあきらめず、文具部品製造で再起を図り、ラジオやテレビの開発、そして家庭用テレビの普及を実現。つねに時代の先を読み、価値を創造し続けた。

参考 「SHARP」
https://corporate.jp.sharp/info/history/voice/

SCORPIO

PERSON
蠍座の偉人
8

兄弟げんかが生んだ
世界的スポーツメーカー

アドルフ・ダスラー
Adolf Dassler

1900 年 11 月 3 日生まれ
実業家

adidas 創業者。ドイツの靴職人を父に持ち、第一次世界大戦後にスポーツシューズの製造に着手。のちに兄ルドルフも参画し、当時のサッカー人気やベルリンオリンピックの影響も相まって事業は急拡大した。ところが、ナチスの活動に熱心だった兄との確執が次第に深まり、ついに決別。アドルフは「adidas」を、兄は「PUMA」を創業した。職人肌のアドルフがつくるシューズはスポーツ界で熱烈に支持され、2 社は対立しつつもライバルとして成長した。

参考 「日経ビジネス」
https://business.nikkei.com/atcl/plus/00003/082500030/

SCORPIO

CHAPTER 5
出会い、
つながるために

【人間関係／恋愛】

あなたが愛すべき人はどんな人か？
あなたのことをわかってくれるのは誰？
あなたがあなたらしくいられる人、
あなたを成長させてくれる人。
彼らとより心地いい関係を結ぶには？

SCORPIO

21

「心の鎧」を
脱ぐために

蠍座は自分の激しさ、思いの深さを自覚しているがゆえ、大事な相手と深い関係になることを恐れるところがある。「めんどくさい、重いと思われたくない」と距離を取ってしまう。

　これは心理学でいう「ヤマアラシのジレンマ」。2匹のヤマアラシは互いに仲良くなりたいと思っても、互いの針で傷つけあうから、近づけない。あなたも傷つけあうことを恐れ、心に鎧をつけて自分の感情を抑え込んでいるのかもしれない。

　でも、ときには、その心の鎧を脱いで、一歩踏み込むことも必要だ。大切な相手に、自分の感情を出してみよう。

　ずっと鎧をつけたままだと、あなたが望んでいる深い絆は結べない。思いを持て余して不健全な形で爆発してしまうこともある。

　もちろん、無理に心を開けといわれても、蠍座には難しい。

　自分が大切だなと思う瞬間が来たときに、自分の意志で、自分の気持ちを開けばいい。「好き」という気持ちだけでなく、自分の傷や悩み、怒りや憎しみといったマイナスな感情でもいい。

　もちろんみんながみんな、あなたの感情を受け止めてくれるとはかぎらない。だとしても、悲嘆にくれたり、自分を責める必要はない。それは、相手があなたにとってそこまで大切な人ではなかったということ。

　自分が大切だと思ったときに、迷わず心のなかを表現することを繰り返していけば、必ず受け止めてくれる人が現れる。

　あなたの弱さ、脆さ、痛み、心の傷……あなたが言葉にできない思いや激しさも、ちゃんと受け取ってくれる人。けっして、無理にこじ開けたりはせず、ゆっくりゆっくり時間をかけて。あなたを見守りながら、あなたの心を溶かしてくれる人。

　そんな人にいつか、きっと出会える。

22

「許せない自分」を
許す

蠍座は執念深いとよくいわれる。確かに、蠍座は辛かったことが心の奥に深く刻み込まれるから、傷つけた相手や辛い状況をつくり出した相手に対して、怒りや憎しみが長く続いてしまう。

　でも問題は、憎しみが続くことや相手を許せないことじゃない。許せないのがいけないと、「許せない自分」を責めてしまうことだ。

　その裏には、どこかで、傷を負った原因が自分にあると思ってしまっているところがあるのではないか。

　たとえば、ひどいいじめやハラスメントを受けて、全面的に相手が悪いのに、自分の能力や性格のせいだ、自分が空気を読めなかったり、仕事ができないからだ、などと考えてしまう。それが膨らんで、罪悪感をつのらせ、自分を否定するようになる。感情をなくして、誰とも人間関係を持てなくなる。その生きづらさも自分のせいにして、さらに自分を追い詰めてしまう。

　でも、もう自分を責めるのはやめよう。

　それより、辛いかもしれないけれど、自分が傷を受けたときのことをもう一度冷静に振り返ってみよう。あなたが傷ついているのは、あなたのせいでもなんでもなく、一方的に傷つけられたことが改めてわかる。怒っていいという気持ちが取り戻せる。

　許せない気持ちをずっと抱えていくのはしんどいと心配になるかもしれない。でも、大丈夫。あなたは確かに深く傷ついているかもしれないけれど、だからといってあなたの尊厳や本質はなんら損なわれていない。そのことが信じられれば、相手を許さないままで、前を向いていける。

　やがて、怒りや憎しみだけじゃなく、よろこびや楽しさの感情も甦る。あなたを傷つけた相手のことは意識の外に追いやって、つながるべき相手とつながればいいと思えるようになる。

SCORPIO

23

ふたりだけの
「秘密の言葉」を
持つ

蠍座の恋で重要なのは、ふたりの「一体感」をどうつくり上げるか。

　だから、生活を共にすることや肉体関係に固執するのだけれど、でも、それだけでは、蠍座が望む一体感を感じるのは難しい。

　蠍座には「言葉」のほうがそれを強く感じさせてくれる。

　愛情を伝える言葉や相手を思いやる言葉、もっと効果的なのは、ふたりにしかわからない「合言葉」のようなもの。

　たとえば、ふたりでいるときだけ使うお互いの呼び名、ふたりだけの特別な挨拶、ふたりだけのギャグ……。あるいは、ふたりが印象に残った映画のセリフを愛情確認の言葉にしたり、ふたりの会話でたまたま出てきた言い間違いを、暗号みたいに使ったり。

　ふたりだけの言葉があると、秘密の共有のようでドキドキするし、その言葉を発するたびにつながっていることを実感できる。

　何よりその言葉の存在が大きいのは、ふたりが時間や体験を共有してきたことの証であるということだ。共有した時間や感情は目に見えないし、形に残らない。でも言葉にすることで、確かにそこにあったこと、本当にふたりで生きてきたことが実感できる。

　だから、ふたりだけの「秘密の言葉」を探そう。

　ふたりで相談してつくるのもいいけど、偶然、生まれた言葉だともっといい。同じ気持ちになった瞬間に口をついて出た表現、同じ景色を見たときにそろった驚きの声、一緒に笑いあったときの同じ擬音。その偶然にフォーカスして焼き付ける。その言葉を繰り返すことで、思い出だけじゃなく、新しい絆ができていく。

　恋をするふたりの絆を歌った『魔法のコトバ』という曲があるけれど、ふたりだけがわかる合言葉はまさに、魔法の言葉だ。ふたりだけにわかる「秘密の言葉」を持つことで、ふたりだけの世界が立ち現れて、どこにいてもふたりきりになれる。

24

他人と自分の
「領域」を意識する

自分と他者のボーダーを超えようとする。それは、蠍座のすごくいいところ。だから、他者の痛みを自分ごととしてとらえられるし、本当に相手の立場に立って誠心誠意尽くすことができる。

　でも、相手の「領域」に入っていこうとする蠍座の習性が、人間関係のトラブルの原因になってしまうこともある。

　相手のためと思い込んで世話を焼いた結果、おせっかいや押し付けととらえられてしまう。相手と自分の気持ちが違うことがわからず、思った通りの反応をしない相手にイライラしてしまう。

　逆に、「領域」意識が曖昧なせいで、自分の責任じゃないことまで、押し付けられて、追い詰められてしまうこともある。「相手のために」を考えるあまり、自分の大切なことを後回しにしたり、キャパシティを超えて疲弊してしまうことも少なくない。

　ただし、よくないのは、あなたが他人の領域に入っていくこと、それ自体ではない。問題はそれ以前、自分と他者の境界線がわからなくなること、お互いの領域を混同し、領域を侵していることにさえ気づかなくなることだ。

　まずは、自分と相手の間にある境界線を意識しよう。ここから内側は自分の領域、向こう側は相手の領域、それがわかれば、これ以上は踏み込みすぎと考えられるようになる。

　それでも、相手を助けたいと思ったり、相手のために尽くしたいと思ったら、あえて境界線を超えていけばいい。

　ただし、大切なのは「相手のために」と考えたのが自分なのかどうかということをきちんと認識すること。そうすれば、相手から感謝されなくても、自分がしんどくなっても、イライラしなくなる。

　ボーダーを超えていく蠍座だからこそ、「領域」「線引き」という意識を持とう。きっとあなたを自由に、楽にしてくれる。

25

これから
あなたが「愛すべき」人
あなたを「愛してくれる」人

心の「奥底」に隠している感情を見守ってくれる人

　ポーカーフェイスを装っている蠍座だけれど、その心の奥底には、とても深い思い、激しさ、傷ついた感情を隠している。そうしたものに気づいて受け止め、でも、こじ開けようとせずにそっと見守り続けてくれる人。そういう人に出会えれば、あなたの感情はきっと「宝物」に変わるだろう。

あなたを「ゆるめて」くれるシンプルで楽観的な人

　繊細で、いつも自分をコントロールしようと張り詰めている蠍座には、真逆な、シンプルでのんびりした楽観的な人もいい。「なんでそんなに単純なの?」そんなふうに思ってしまう人に出会ったら、身を任せてみよう。あなたもつられてゆるみ、リラックスできるようになる。違う人生の楽しみ方を知ることができるだろう。

同じ「沼」にハマった「同志」のような人

　もしあなたに熱烈な推しや没頭している趣味があるなら、同じ「沼」にハマっている人を恋人やパートナーにするのもいい。蠍座は恋をすると相手が好きすぎて、依存や独占欲におちいりがち。でも、一緒に同じものを追いかける「同志」なら、同じ方向を見ながら、お互いを尊重して高め合える。バランスの良い恋になる。

夫婦で研究に没頭し ノーベル賞を二度受賞

マリー・キュリー

Marie Curie

1867 年 11 月 7 日生まれ

科学者

ウランより強力な放射能を発するポロニウムとラジウムの発見など
で、ノーベル賞を二度受賞した唯一の女性「キュリー夫人」。帝
政ロシアの支配下にあったポーランドに生まれ、貧困や家族の病
死など壮絶な幼少期を経てパリへ。大学で物理学を学び優秀な
成績を収める。物理学者のピエール・キュリーと結婚後は、夫婦
で放射線の研究に没頭し、ノーベル物理学賞を受賞。その後、
夫の事故死を乗り越え、単独でノーベル化学賞を受賞した。

参考 「VOGUE JAPAN」
https://www.vogue.co.jp/lifestyle/culture/2016-12-15

SCORPIO

PERSON
蠍座の偉人
10

女優、そして母として
輝き続ける

アン・ハサウェイ
Anne Hathaway

1982 年 11 月 12 日生まれ
女優

アメリカ出身。弁護士の父、舞台女優の母のもとに生まれ、幼
少期から女優を志す。1999 年、テレビシリーズ『ゲット・リアル』
の主人公への抜擢を機に、映画デビュー作となった『プリティ・
プリンセス』、世界的大ヒット作『プラダを着た悪魔』、アカデミー
賞助演女優賞を受賞した『レ・ミゼラブル』など多くの作品に出
演。交際していた実業家の逮捕という苦難も経験したが、俳
優アダム・シュルマンと結婚して 2 児の母に。慈善活動にも熱心。

参考 「VOGUE JAPAN」
https://www.vogue.co.jp/tag/anne-hathaway

SCORPIO

CHAPTER 6
自分をもっと
成長させるために

【心がけ／ルール】

自分らしさってなんだろう？
誰もが、もって生まれたものがある。
でも、大人になるうちに、
本来の自分を失ってはいないか。
本来もっているはずの自分を発揮するために、
大切にするべきことは？

26

質より「量」で
自分を成長させる

本気になったら人一倍努力できるし、みんなが驚くような集中力を発揮する。そんな蠍座が、もう一段階上に行くために、次は「量」にチャレンジするのがいいかもしれない。

　圧倒的に多い数、圧倒的に長い時間、圧倒的に巨大なものに取り組んでみるのだ。

　たとえば、マンガが好きなら夏休みの間にマンガを500冊読んでみる。ダンスが好きなら朝から夜まで踊り続ける。絵が好きなら壁一面を覆うくらいの大きい絵の制作に挑戦する。

　自転車に乗るのが好きなら、日本列島を自転車で縦断する。お菓子づくりが好きなら集中的に何十種類ものケーキを焼く。何か企画を考えているなら、100個企画書をつくってみる。

　とにかく自分の大好きなことで、普通なら絶対にできないような課題やノルマに挑戦してみる。

　多くの人は、あまりに大量のものに取り組むと、途中で疲れたり、飽きてしまう。

　でも、蠍座は違う。いくら量が多くても、集中力が途切れない。むしろ、スポーツ選手が「ゾーン」と呼んでいるような一種のトランス状態に入って、自分の能力以上のことができるようになる。自分で自分のボーダーを超えていくことができる。

　その結果、気がついたら、自分がつくり出すもののクオリティも何段階もレベルが上がっていることに気がつくだろう。

　しかも、この困難なノルマを達成したという経験はあなたのなかで大きな自信となるはずだ。

「量より質」といわれるが、「量」が「質」を凌駕することがある。

　蠍座は「圧倒的な量」を経験することで、あなたが考えている以上に遠くまで行くことができる。

SCORPIO

27

欠けた「ピース」を
埋めるのでなく
新しい「ピース」を足す

蠍座がこれから成長するためには、自分のなかにある「欠落感」とどうつきあっていくか、もすごく大切になる。

　人には誰しも欠けている部分、満たされなかった記憶があるけれど、蠍座はその記憶に引きずられ、欠落を強引に取り戻そうとしたり、擬似的なもので埋めようとするところがある。

　でも、それは所詮、代替行為にすぎず、本当の意味であなたを満たしてはくれない。むしろ、負のスパイラルに入り込んで、さらに自分を傷つける結果になることが多い。

　たとえば、恋人に裏切られた経験が傷になって、過剰に相手を束縛しようとしたり、小さい頃、父親に愛されなかった経験を埋めようと年上の男性と不倫の恋に溺れてしまったり。

　もし、あなたが何かしらの「欠落感」を抱えているなら、これからはそれを埋めようとせずに、「欠落を抱える自分」をそのまま受け入れたほうがいい。そのうえで、欠けているものと「似たピース」でなく、「新しい形のピース」を自分に足していこう。

　満たされなかったものを満たそうとするのでなく、あなただけが持っている可能性を広げるのだ。

　たとえば、幸せな家族の記憶がないことがコンプレックスになっているのなら、ほしかった家族を取り戻そうとするのでなく、自分だからこそつくり出せる新しいコミュニティの形を考えてみる。

　そもそも、あなたが「欠けている」と感じているものは、欠けているわけではない。その歪な形こそがあなたの個性。そこを伸ばして、もっともっと凸凹させていけばいい。

　欠けている部分は、埋められるものでもないし、埋める必要もない。自分の過去を肯定しながら、あなたにしかできない新しい未来をつくっていけば、マイナスな記憶も宝物に変わっていく。

28

自分の「言葉の力」を
信じる

書店に行くと、話し方やプレゼン術の本があふれている。

でも、蠍座にはそんなものは必要ない。なぜなら、蠍座の言葉にはもともと強い力があって、人を惹きつけることができるから。

ピカソやドラッカーをはじめ、蠍座にはプレゼンテーションの名人といわれる人も多い。

そんな蠍座が、プレゼンやスピーチ、普段の会話などで、自信が持てない、うまくいっていないと感じているとしたら、表面的なテクニックやルールにとらわれすぎているからではないか。

蠍座の武器は、話し方や言葉じゃなくて、その背後にある揺るぎない価値観や美意識。その唯一無二の中身がみんなを惹きつけている。だったら、相手に伝える前に、まず自分の内にある思いや考えをきちんと知ることが大切だ。

ただ世の中で受けているから、じゃなく、なぜ自分がそれを選んだのか。美しいとかおいしいというような通り一遍の形容詞だけじゃなくて、自分自身がどう感じたのか。

そのうえで、自分の言葉で素直に語ること。何か客観的な事象を説明するときも、マーケティングのデータとか第三者の意見の紹介だけじゃなく、必ず自分なりの解釈とか実感とかを盛り込んでいく。自分で体験をしてみて、その感想をリアルに伝えることもすごくいい。

さらには結論だけじゃなくて、迷った末にそれを選んだ思考のプロセスも話す。提案するまでにあなたが迷ったのであれば、試行錯誤のプロセスも、なぜそれを選ぶに至ったかの思考のプロセスもプレゼンしよう。

重要なのは、自分の言葉に宿る力を信じること。そうすれば、蠍座の言葉は必ず説得力を持つし、多くの人を惹きつける。

29

情報は取り込みすぎず
思考の「スペース」を
あけておく

情報があふれている時代。双子座みたいに、情報をたくさん手にしたほうが、モチベーションや新しいアイデアが湧いてくる星座もある。でも、蠍座は逆。

　蠍座が情報を取り込みすぎると、余裕がなくなって、思考能力が奪われる。大切なことを考えられなくなっていく。アイデアが湧かなくなるだけでなく、いま起きていること、自分がもともと何をやろうとしていたのかさえ、わからなくなる。

　蠍座は、外からの刺激よりも前に、自分の内側を固めることが大切。情報を取り入れる前に、まずは、自分の価値観や考えをはっきりさせ、自分なりのイメージを持っておかなければならない。

　そのために必要なのは、頭のなかの「余白」。家のなかに「スペース」がないと、家具を動かせないように、頭のなかに「余白」をつくっておかないと、大本になっている思考を奪われてしまう。

　たとえば、バリに旅行しようと思ったときに、いきなりガイドブックを読み漁り、グルメやホテル、アクティビティなどの情報を大量に目にしても、蠍座は何から手をつけていいかわからない。

　まず、情報が少ないなかで、自分がバリに何を求めているか、突き詰めてみる。そうすると、自分が本当にやりたいことがわかって、それに最適化された情報を取捨選択できるようになる。

　だから、最初は情報を抑えて、情報から距離を置くことを心がけたほうがいい。

　情報が必要ないといっているわけじゃない。蠍座にとって、情報は自分の考えや価値観をブラッシュアップしたり、補強するためのものだ。大切なのは、まず自分、次に情報という順番。

　その順番さえ守れば、情報はあなたの考えや価値観を大きく育ててくれる、とても有意義なものになるだろう。

SCORPIO

30

自分の「好き」を
定期的に
「棚卸し」しよう

蠍座をかたちづくっているのは、「好き」という情熱。自分を探る方法はいろいろあるけれど、蠍座は自分の「好き」を知ることが、自分を知る近道になる。

だから、定期的に自分の「好き」を見つめてみよう。いま好きなもの、昔、好きだったもの、ずっと好きなものをすべて洗い出して、チェックしてみよう。

すると、いろんなことがわかってくる。たとえば、昔、こういうものが好きだったのかと思い出して、自分のルーツを再発見する。昔といまの好きなものを比べて、自分の志向や価値観の変化に気づく。いまはただの習慣になっていることが、昔、すごく好きだったと思い出して、改めて愛おしく思えるようになる。

気持ちや志向だけでなく、自分の「成長」や「可能性」も発見できるかもしれない。

散歩の途中で草花を摘むのが日課で、ほとんど意識していなかったけれど、いつの間にかその記録が専門家も驚くほど膨大なものになっていた。摘んできた草花を毎日工夫して部屋に飾っていたら、草花の見せ方がプロ級の腕前になっていた。

以前は、ただおいしいパンのお店を探して食べられれば満足だったのが、いまはこんなパンがあったらいいのにと自分でつくるようになっていた。

そうやって、自分の成長がわかると、今度は、「パン屋さんをつくりたい」という新しい夢が湧いてくるかもしれない。

お店や会社の商品の在庫をチェックすることを「棚卸し」というけれど、あなたも定期的に自分の「好き」を「棚卸し」しよう。どんな勉強をするよりも、どんな体験をするよりも、あなたの新しい可能性を広げるきっかけになるはずだ。

激動の時代を生きた
マネジメントの父

ピーター・ドラッカー
Peter Drucker

1909 年 11 月 19 日生まれ
経営学者

オーストリア出身。ナチス政権下の激動の時代に、新聞記者、証券アナリスト、政治学者などさまざまなキャリアを歩む。ゼネラル・モーターズ（GM）社から経営方針と組織構造の研究を依頼されたことがきっかけで組織マネジメントに関心を持ち、のちにマネジメントの体系を確立。現代社会で広く知られる数々のマネジメントスキルを生み出し、「マネジメントの父」と称されている。室町水墨画などのコレクションを有する親日家でもあった。

参考 「ドラッカー 日本公式サイト」ダイヤモンド社
https://drucker.diamond.co.jp

SCORPIO

PERSON
蠍座の偉人

12

自分の経験を糧に
世界を照らす

ケイティ・ペリー
Katy Perry

1984 年 10 月 25 日生まれ
歌手

アメリカ出身。牧師の親のもとで厳しく育てられ、ゴスペル音楽を聴いて育つ。15 歳のときにクイーンの『キラー・クイーン』に心を打たれ、音楽の道へと進む。2007 年にメジャーデビューを果たすと、その翌年には『キス・ア・ガール』で全米シングルチャート 1 位を獲得。ティーンエイジャーからも熱い支持を集める彼女は、2013 年にユニセフ親善大使に任命されるなど、音楽活動以外でも世界中の人に影響を与えている。

参考「VOGUE JAPAN」
https://www.vogue.co.jp/tag/katy-perry

SCORPIO

CHAPTER 7
新しい世界を
生きていくために

【未来／課題／新しい自分】

蠍座は、これからの時代をどう生きていくのか。
変わっていく新しい世界で、
未来のあなたがより輝くために、
より豊かな人生を生きていくために、
蠍座が新しい自分に出会うために、
大切なこと。

31

「嫉妬心」や
「独占欲」から
自由になるために

蠍座は本来、努力家で思いやりがあって、みんなから慕われる星座。なのに、時折、負の感情に支配されてしまうのは、「独占欲」が原因になっているケースが多い。

　思いが深く、好きなものと一体化したいという願望を持っているから、ときにそれが暴走して支配欲と化してしまう。ひどい場合は、嫉妬のあまりストーカー的行動を取ったり、欲しいものを手に入れるため莫大な借金をしたり、人生を狂わせてしまうこともある。

　蠍座のこれからの課題はこの「独占欲」からいかに自由になるか。それができれば、蠍座は随分生きやすくなるはずだ。

　そのために、まず、大切なのは自信を持つこと。蠍座は0か100かの完璧主義や不器用さゆえ自己評価が低くなりがち。その自信のなさが裏返って他者への依存、独占欲に転化してしまう。

　だから、常日頃から自己評価を高めることを心がけよう。周りから評価されている長所を書き出す。自分がこれまで達成してきたことを反芻する。自分に誇れる習慣を持つ。体を鍛え、ファッションに凝って、外見をブラッシュアップするのもいい。

　そうやってすこしずつ自信を持てるようになったら、次は、欲望を「小出し」に表現する癖をつけていく。

　普段、願望を表に出さず、抑え込んでいる人ほど、いったん暴走すると止まらなくなる。そうならないよう、定期的に周囲に「○○したい」と宣言する。願望を妄想のように文章で表現する。それだけで随分と独占欲を発散・解消することができる。

　独占欲をなくすことはできなくても、うまくコントロールできるようになれば、蠍座は自分の能力をもっと素直に発揮できるようになる。優しい思いが多くの人に伝わるようになる。あなたの人生はいままでと比べ物にならないくらい、輝きを増すだろう。

32

VUCAの時代は
すこし「いい加減」に
なって乗り越える

何度もいってきたように、蠍座は自分のなかに揺るぎない価値観がある。いったん、こうと決めたら、どこまでもぶれずにつらぬいていく。

　それは蠍座のいいところだけれど、でも、これからは「VUCA」の時代。Volatility（変動性）、Uncertainty（不確実性）、Complexity（複雑性）、Ambiguity（曖昧性）の頭文字をつなげたこの言葉が示すように、社会の変化が一層激しくなり、基準や境界線が曖昧になって、想定外の事態が次々起きる。

　そんな時代に、あらゆることに自分の価値観を反映させようとすると、あなた自身が疲弊してしまう。思いをつらぬきすぎると、変化に対応できず、逆に大切なものを守れなくなってしまう。

　だから、これからはすこしだけ「いい加減」になって、「曖昧」や「変化」を受け入れられるようにしたほうがいい。

　コツは、視線を「ズームアウト」すること。蠍座は集中力があるから、細部にフォーカスすると、どうでもいいことでも気になって、こだわりたくなる。だから、物事に向きあうときは距離を取って、視野を広げることを意識しよう。たとえば、自分の担当作業だけに集中しないでプロジェクト全体のことを考える。所属部署の人間関係だけでなく会社全体を見渡してみる。

　そうすると細部がぼやけ、曖昧な状態を受け入れられるようになる。一方で周りの動きが見えてきて、自分がどうあるべきなのか、どこに向かうべきなのかがわかってくる。

　もちろん、本当に大切なことはこれまで通り、徹底して細部までこだわったらいいし、変える必要も一切ない。

　重要なのは、こだわるものを絞り込み、それ以外のところですこしだけいい加減になって、曖昧と変化を許すこと。その使い分けが、あなたの「本当に大切なもの」を守ることにつながってゆく。

SCORPIO

33

「クローズド」な
場をつくって
信者を育てる

誰もが自由にオープンに表現できる SNS が全盛の時代。ビジネス書でも、開かれたメディアを活用して自分をアピールしていこう、というのが定番のアドバイスになっている。

　でも、蠍座は逆、「クローズド」なほうが真価を発揮できる。

　なぜなら、蠍座の魅力はすこし触れただけでわかるような軽いものではないから。

　カリスマ性を持つといわれる蠍座だけれど、その奥深い価値観、独特な美意識は、近くにいて共に時間を過ごさないと理解できない。そのかわり、蠍座にいったん魅了されたら、虜になってしまう。もっと深く知りたくなって、その表現や価値観にさらにハマってゆく。そう、まるで教祖に心酔する信者のように。

　だから、蠍座はあえて、自分を中心とした「閉じられた」空間、コミュニティをつくったほうがいい。

　たとえば、常連だけが足繁く通うバー、路地奥の看板のないカフェ、ネットには情報のない雑貨店、紹介者がいないと入れないサークル、不定期の秘密の読書会、ネットを使う場合は SNS でなく会員制オンラインサロン……。そういう閉じた場所で少人数に向けて表現を続けていけば、みんなあなたの奥深い魅力の虜になる。

　いや、たんに魅力が伝わるだけじゃない。蠍座の信奉者には「私だけが○○さんの魅力をわかっている」と考える傾向がある。クローズドな場を用意すれば、そういう人たちが「自分は選ばれた存在」であるというプレミアム感を持ち、あなたへの信仰・ロイヤルティをさらに強めていくだろう。

　軽くて移り気なフォロワーがいくらいても蠍座には意味がない。ネットの動きなんて気にしないで、あなたに魅了された人たちと深くつながることだけを意識して、前へ進んでいけばいい。

SCORPIO

34

「好き」の要素を
見つけ出して
課題をクリアする

蠍座は基本的に好きじゃないことは、やりたくない。興味のないことにはかかわりたくない。

　もちろん、それは悪いことじゃない。前にもいったけれど、蠍座はできるならつまらないことはスルーして、心の底から好きと思えることにエネルギーを注いだほうがいい。

　でも、人生にはどうしてもスルーできないことが出てくる。夢の実現のために、課題をクリアしなければならないこともある。想像もしなかった新しいミッションを課せられることもある。

　そういうとき、蠍座はどう立ち向かえばいいのだろう。

　鍵を握るのはやはり「好き」という感情。蠍座は「好き」なことにはとことん情熱を傾けることができる。自分を投げ打ってでも、努力することができる。その熱量を利用するのだ。

　具体的には目の前のミッションに「好き」になる要素を無理やり見出す。仕事全体には興味がないけど、この作業だけはおもしろい、オフィスの雰囲気が好き、一緒に働いている人の顔が好み……。

　好きになれる要素がひとつもない場合は、それをクリアした先に「好きなものとの出会い」があることを想像するのもいい。このキャリアを積めば、やりたかった夢に役に立つ。この仕事を続けていれば、いつか自分が好きなアーティストに出会える。妄想でもいいから、「好き」の感情が湧いてくるように仕向けてみる。

　もちろん、その「好き」の熱量は、あなたが本当に好きなことと比べると微々たるものだ。でも、ほんのすこしでも「好き」という感情が出てくると、必ず前よりその課題に積極的に向きあって、主体的にミッションに取り組めるようになる。

　その「好き」をすこしずつ膨らませていけば、あなたが新しい世界と出会って、成長を遂げるきっかけになるかもしれない。

35

蠍座はこれから
大きく「変容」して
一気に「成長」する

ひとつのことにこだわり、長く引きずる傾向のある蠍座。結果が出ないときは、このまま何も成し遂げられず終わってしまうのではないか、と不安になる。新しいことに挑戦できず、いつまでも成長できないのではないか、と自己嫌悪におちいってしまう。

　でも、実際はそんなことはない。いまは立ち止まっているように見えても、蠍座はあるとき、突然に成長する。

　蠍座は昔、蛇や不死鳥にたとえられていたこともある。脱皮を繰り返し成長する蛇と、火のなかから甦る不死鳥。その姿が示すように、蠍座はもともと「変容」と「再生」の本質を持っている。

　だから、時期がくると、深いところで変化が起きて物事の見方がガラリと変わる。そして、これまでの自分を一気に超えていく。

　典型的なのが、蠍座生まれの画家・ピカソだ。ピカソは一生の間に、何度か大きく画風を変え、そのたびに評価を高めた。あなたも同じ、「変容して成長する魂」を持っている。

　もちろん、それはいつ起きるかわからない。就職や出産といった人生の節目、ピンチや誰かとの出会いがきっかけになることもある。自然な心のプロセスとして起きるかもしれない。

　でも、これから、必ずあなたを大きく飛躍させる変化が訪れる。

　いまはそのときを待てばいい。そして、大切な「変わりたい」という胎動を感じたら、これまでのこだわりをいさぎよく捨てて、自分が築き上げたものを壊して、変化に身を投じる。

　そのとき、あなたはもしかしたら一度「自分には何もない」と絶望するかもしれない。

　でも、大丈夫。それは自分が変わるために必要なリセットの儀式。蠍座は、灰のなかから甦る不死鳥のように、必ず復活する。前のあなたよりはるかに美しい姿となって再生するだろう。

SCORPIO

PERSON
蠍座の偉人

13

晩年まで衰えなかった
あふれ出る創作意欲

パブロ・ピカソ
Pablo Picasso

1881 年 10 月 25 日生まれ
画家

幼少期から絵の才能を発揮し、14 歳で画家活動を開始。生ま
れ育ったスペインからフランスに移住したのち、91 歳で他界す
るまで絵画や彫刻など膨大な数の作品を生み出した。対象を
幾何学的に分解して再構築するキュビズムの創始者として知ら
れるが、友人の自殺に大きなショックを受けて生死や貧困を描く
ようになった「青の時代」、明るい色調でサーカスや旅芸人を描
いた「バラ色の時代」など、時期により作風を次々と変化させた。

参考 「美術手帖」
https://bijutsutecho.com/artists/762

SCORPIO

FIND YOURSELF BEYOND THE EDGE.

EPILOGUE

蠍座が後悔なく生きるために

蠍座が一歩を踏み出すために、
やりたいことを見つけるために、
迷いを吹っ切るために、
自分に自信を持つために、
新しい自分に変わるための指針。

蠍座はピンチに強い。
これまで想像すらできなかったような
未経験のトラブルに巻き込まれたとき、
あなたは自分でも
驚くような力を発揮するだろう。

だから
「大変そうなこと」「緊張すること」
と遭遇しても、避けてはいけない。
あなたの人生は平らに伸びた一本の道ではない。
そこがたとえ怖そうな場所でも、
思い切って飛び込んでみれば、
その先には必ず新しい道があり、
あなたを良い方向に導くだろう。

蠍座は「不死鳥」にもたとえられる。
数百年に一度、
みずから火のなかに飛び込んで灰となり、
その灰のなかから再生する。
自分の意志によって、
自分を生まれ変わらせることができる。
それが蠍座の特性。

人と人との間には、
さまざまなボーダーがある。
そのボーダーを、
あなたは
超えていくことができる。
どんなに高い壁があっても、
必ず超えてやるという
強い意志がある。

そうやって、
さまざまな価値観と出会い、
吸収し、古い「自分」を
どんどん脱ぎ捨てながら、
心を磨いていくんだ。

いま、「目標」がある？
でもその「目標は」は
いまの自分に縛られていないだろうか。
蠍座という深みには、
いまだ見えていない潜在力がある。
具体的な目標のさらに奥底に、
本当の望みや可能性がまだあるはずだ。
いまだ形にもなっていない
本当の望みを見つけにいこう。

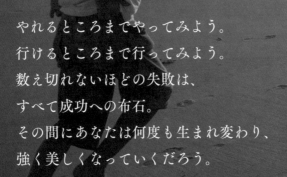

やれるところまでやってみよう。
行けるところまで行ってみよう。
数え切れないほどの失敗は、
すべて成功への布石。
その間にあなたは何度も生まれ変わり、
強く美しくなっていくだろう。

蠍座はこの期間に生まれました。

誕生星座というのは、生まれたときに太陽が入っていた星座のこと。
太陽が蠍座に入っていた以下の期間に生まれた人が蠍座です。
厳密には太陽の動きによって、星座の境界は年によって1～2日変動しますので、
生まれた年の期間を確認してください。（これ以前は天秤座、これ以後は射手座です）

生まれた年	期間（日本時間）	生まれた年	期間（日本時間）
1936	10/23 23:18 ～ 11/22 20:24	1980	10/23 15:17 ～ 11/22 12:40
1937	10/24 05:06 ～ 11/23 02:15	1981	10/23 21:12 ～ 11/22 18:34
1938	10/24 10:53 ～ 11/23 08:05	1982	10/24 02:57 ～ 11/23 00:22
1939	10/24 16:45 ～ 11/23 13:57	1983	10/23 08:54 ～ 11/23 06:17
1940	10/23 22:39 ～ 11/22 19:47	1984	10/23 14:45 ～ 11/22 12:09
1941	10/24 04:27 ～ 11/23 01:36	1985	10/23 20:21 ～ 11/22 17:49
1942	10/24 10:15 ～ 11/23 07:29	1986	10/24 02:14 ～ 11/22 23:43
1943	10/24 16:08 ～ 11/23 13:20	1987	10/24 08:00 ～ 11/23 05:28
1944	10/23 21:55 ～ 11/22 19:06	1988	10/23 13:44 ～ 11/22 11:10
1945	10/24 03:43 ～ 11/23 00:54	1989	10/23 19:35 ～ 11/22 17:03
1946	10/24 09:34 ～ 11/23 06:45	1990	10/24 01:13 ～ 11/22 22:45
1947	10/24 15:25 ～ 11/23 12:36	1991	10/24 07:05 ～ 11/23 04:34
1948	10/23 21:17 ～ 11/22 18:27	1992	10/23 12:57 ～ 11/22 10:24
1949	10/24 03:02 ～ 11/23 00:15	1993	10/23 18:37 ～ 11/22 16:05
1950	10/24 08:44 ～ 11/23 06:01	1994	10/24 00:36 ～ 11/22 22:04
1951	10/24 14:35 ～ 11/23 11:50	1995	10/24 06:31 ～ 11/23 04:00
1952	10/23 20:22 ～ 11/22 17:34	1996	10/23 12:18 ～ 11/22 09:48
1953	10/24 02:06 ～ 11/22 23:21	1997	10/23 18:14 ～ 11/22 15:46
1954	10/24 07:56 ～ 11/23 05:13	1998	10/23 23:58 ～ 11/22 21:33
1955	10/24 13:43 ～ 11/23 10:59	1999	10/24 05:52 ～ 11/23 03:23
1956	10/23 19:34 ～ 11/22 16:48	2000	10/23 11:47 ～ 11/22 09:18
1957	10/24 01:24 ～ 11/22 22:38	2001	10/23 17:25 ～ 11/22 14:59
1958	10/24 07:11 ～ 11/23 04:28	2002	10/23 23:17 ～ 11/22 20:52
1959	10/24 13:10 ～ 11/23 10:25	2003	10/24 05:08 ～ 11/23 02:42
1960	10/23 19:01 ～ 11/22 16:17	2004	10/23 10:48 ～ 11/22 08:20
1961	10/24 00:47 ～ 11/22 22:06	2005	10/23 16:42 ～ 11/22 14:13
1962	10/24 06:39 ～ 11/23 04:00	2006	10/23 22:26 ～ 11/22 20:00
1963	10/24 12:28 ～ 11/23 09:48	2007	10/24 04:15 ～ 11/23 01:48
1964	10/23 18:20 ～ 11/22 15:37	2008	10/23 10:08 ～ 11/22 07:43
1965	10/24 00:09 ～ 11/22 21:28	2009	10/23 15:43 ～ 11/22 13:21
1966	10/24 05:50 ～ 11/23 03:13	2010	10/23 21:35 ～ 11/22 19:13
1967	10/24 11:43 ～ 11/23 09:03	2011	10/23 03:30 ～ 11/23 01:06
1968	10/23 17:29 ～ 11/22 14:47	2012	10/23 09:13 ～ 11/22 06:49
1969	10/23 23:11 ～ 11/22 20:30	2013	10/23 15:09 ～ 11/22 12:47
1970	10/24 05:04 ～ 11/23 02:23	2014	10/23 20:57 ～ 11/22 18:37
1971	10/24 10:53 ～ 11/23 08:12	2015	10/24 02:46 ～ 11/23 00:24
1972	10/23 16:41 ～ 11/22 14:01	2016	10/23 08:45 ～ 11/22 06:21
1973	10/23 22:30 ～ 11/22 19:53	2017	10/23 14:26 ～ 11/22 12:03
1974	10/24 04:10 ～ 11/23 01:37	2018	10/23 20:22 ～ 11/22 18:00
1975	10/24 10:06 ～ 11/23 07:29	2019	10/24 02:19 ～ 11/22 23:57
1976	10/23 15:58 ～ 11/22 13:20	2020	10/23 07:59 ～ 11/22 05:38
1977	10/23 21:40 ～ 11/22 19:05	2021	10/23 13:51 ～ 11/22 11:32
1978	10/24 03:37 ～ 11/23 01:03	2022	10/23 19:35 ～ 11/22 17:19
1979	10/24 09:27 ～ 11/23 06:53	2023	10/24 01:20 ～ 11/22 23:01

※秒数は切り捨てています

著者プロフィール

鏡リュウジ
Ryuji Kagami

1968年、京都生まれ。

心理占星術研究家・翻訳家。国際基督教大学卒業、同大学院修士課程修了（比較文化）。

高校時代より、星占い記事を執筆するなど活躍。心理学的アプローチをまじえた占星術を日本で紹介することによって、占いマニア以外の人にも幅広くアピールすることに成功。占星術の第一人者としての地位を確たるものとし、一般女性誌の占い特集では欠くことのできない存在となる。また、大学で教鞭をとるなど、アカデミックな世界での占星術の紹介にも積極的。

英国占星術協会会員、日本トランスパーソナル学会理事、平安女学院大学客員教授、京都文教大学客員教授、東京アストロロジー・スクール代表講師などを務める。

奇跡は限界の先に

蠍座の君へ贈る言葉

2023 年 7 月 15 日　初版発行

著者　鏡リュウジ

写真　Getty Images
デザイン　井上新八
構成　ホシヨミ文庫
太陽の運行表提供　Astrodienst /astro.com
広報　岩田梨恵子
営業　市川聡／二瓶義基
制作　成田夕子
編集協力　三橋温子（株式会社ヂラフ）
編集　奥野日奈子

発行者　鶴巻謙介
発行・発売　サンクチュアリ出版
〒 113-0023　東京都文京区向丘 2-14-9
TEL 03-5834-2507　FAX 03-5834-2508
https://www.sanctuarybooks.jp
info@sanctuarybooks.jp

印刷・製本　中央精版印刷株式会社

本書は、2013 年 9 月に小社より刊行された『蠍座の君へ』の本旨を踏襲し、
生活様式の変化や 200 年に一度の星の動きに合わせて全文リニューアルした
ものです。